Gesegnete Vielfalt

Axel Schwaigert

Gesegnete Vielfalt

Segensgedanken zum CSD

Bibliografische Information der Deutschen Nationalbibliothek:
Die Deutsche Nationalbibliothek verzeichnet diese Publikation in der Deutschen Nationalbibliografie; detaillierte bibliografische Daten sind im Internet über http://dnb.dnb.de abrufbar.

Herstellung und Verlag: BoD – Books on Demand, Norderstedt

ISBN: 9-78-3-7534-0437-0

Herzlicher Dank!

So ein Buch entsteht nicht alleine durch das Schreiben der Texte. Und es geschieht auch nicht ganz alleine durch den Autor dieser Texte. Es ist immer ein Zusammenarbeiten von mehreren Menschen und Situationen, die so ein Buch entstehen lassen und möglich machen.

Herzlichen Dank daher den Menschen von Salz der Erde MCC Gemeinde Stuttgart, die immer wieder bereit sind, bei den manchmal wilden Ideen ihres Pfarrers mitzumachen, sie zu ermöglichen und sie zu bereichern. Ohne die Gemeinde wären alle diese Texte nicht möglich gewesen.

Besonderen Dank an alle, die die Segenstexte in diesem Buch gesprochen haben. Denn diese Segen sind mehr als nur Texte die gelesen werden sollen. Sie sind gesprochene, segnende Segen. Auf youtube können sie angehört werden.

Und ganz besonders herzlichen Dank an Petra Schmidt. Sie hat all diese Texte durchgelesen und korrigiert. Ohne sie wäre dieses Büchlein nicht lesbar gewesen. Wenn jetzt noch Fehler drin sind, sind sie ganz und gar meine Schuld.

Vorwort

Dieses Büchlein enthält Nachdenken über Vielfalt und Segen für die Vielfalt. Es sind Predigten, vielfältige Segen und ein Gebet, die hier zusammengetragen sind. Sie alle befassen sich mit dem Thema Vielfalt: Wie diese Vielfalt entstand, wie wir sie leben, wie sie uns herausfordert, wie sie ein Segen für uns ist.

Im Jahr 2020, dem Jahr als die Corona unser Feiern und Demonstrieren so anders machte und einschränkte, haben wir christliche Gemeinde in und für die LSBTTIQ+ Gemeinschaft uns überlegt, wie wir auch unter diesen Umständen unseren Beitrag zum CSD 2020 in Stuttgart leisten könnten.

Was macht denn eine Kirche? Sie macht Gottesdienste, der Pfarrer oder die Pfarrerin predigt und es gibt Seelsorge, wenn man sie braucht. Wichtig ist aber etwas ganz Besonderes. Der Segen. Normalerweise kennen wir das vom Schluss-Segen im Gottesdienst. Aber Segen ist eigentlich viel mehr als ein Satz am Ende des Gottesdienstes. Wir sollen andere segnen, ihnen Segen zusprechen und ein Segen sein. Segen heißt, dem und der je anderen ein Mehr an Lebensenergie zuzusprechen, sie zu füllen mit Gutem, mit Kraft, mit Hoffnung, mit all dem, was wir als Menschen brauchen. Daher haben wir die zwei Wochen des CSD-Kultur-Festivals in Stuttgart genutzt, um jeden Tag einen Segen zu sprechen, für die Buchstaben von LSBTTIQ+ und für die Farben des Regenbogens. Jeden Tag während der Kulturwoche des CSD in Stuttgart gab es auf youtube so einen Segen. Für diese Segen habe ich daher nach Worten gesucht, die uns, der LSBTTIQ+ Gemeinschaft, entsprechen. Ich habe über jeden Buchstaben in LSBTTIQ+ nachgedacht, und über die Farben des Regenbogens. Manche dieser Segen sagen Dinge, die die traditionelle Theologie so nicht aussprechen würde. Aber als MCC glauben wir, dass Gottes Segen größer und schöner und weiter ist, als es mancher enge Glaube glauben kann. Und so hoffe ich, dass diese Segen gut tun.

Die Segenstexte sind daher immer eingeleitet mit einem allgemeinen Nachdenken darüber, was Segen heute für die Gemeinschaft von LSBTTIQ+ ist und sein kann. Sie beginnen in diesem Buch immer auf einer linken Seite, um das Vorlesen einfacher zu machen.

Die Predigten sind im Laufe der Jahre entstanden und in Salz der Erde MCC Gemeinde Stuttgart gehalten worden. So haben alle diese Texte ihren Sitz im Leben in der Gemeinde, sie sind nicht so sehr geschrieben als vielmehr gesprochen.

Diese Segen sollen und dürfen lebendig sein und bleiben. Wenn jemand diese Segen daher in Gottesdiensten oder bei ähnlichen Gelegenheiten nutzen will, ist das ausdrücklich erlaubt. Die Rechte bleiben beim Autor.

Vielfalt braucht Verstärkung[1]

„Langsam hatte er sich wieder beruhigt. Er war ja schon ein paarmal wütend gewesen. Aber so schlimm wie dieses Mal war es noch nie gewesen. Er hatte sich so große Mühe gegeben mit den Menschen und mit seiner Schöpfung. Nur um dann zu sehen, dass sie ein egoistisches Pack waren. Nur um zu sehen, dass sie nur an sich selber dachten, und Ihr ganzes Denken und Handeln nur böse und eigensüchtig war. Er hatte seinen Bogen, mit dem er die Blitzpfeile seiner Wut schleudern konnte, schon in der Hand gehabt, hatte die Wolken schon rufen wollen, hatte das Gewitter schon vorbereitet gehabt, als er noch einmal innehielt. ....

Er sah Zebras und Gnus, die Elefanten, mit deren Ohren und Rüsseln er sich so große Mühe gegeben hatte, und die lustigen Wasserflöhe und die Vogelspinne, deren behaarte Beine auf seiner Hand so lustig gekitzelt hatten, und Hirsche und Rehe und Bären. Und was sollte aus den Maiglöckchen werden und den Mammutbäumen, wenn es sonst nichts Lebendiges mehr gab auf der Erde? Auf die Menschen, ja , auf die könnte er verzichten. Mit Ihren Städten und Ihrer Umweltverschmutzung, mit Ihrem Egoismus und Ihrer Bosheit. Undankbares Volk! Aber alles andere, darauf wollte er dann doch nicht verzichten. Ja, eine Flut sollte kommen, aber er

---

[1] Diese Predigt wurde zum CSD 2007 in Lauras Club zum ersten Mal gehalten.

würde Noah auftragen ein Boot zu bauen, damit ein Neuanfang möglich sein würde. Noah war zwar auch nicht perfekt, er hatte ein leichtes Alkoholproblem und der allerbeste Vater war er auch nicht, aber er sollte die Arche bauen, mit ihm und seiner Familie wollte er neu anfangen.

Und kaum war die Arche fertig, kaum das letzte Känguru hinein gehoppelt und der letzte Tausendfüßler an Bord, da spannte Gott seinen Bogen, ließ die Blitze fliegen und die Erde ging im Wasser unter.

Dann, als alles untergegangen war, der Regen aufgehört hatte, die Wasser sich verzogen hatten, hatte sich Gott auch wieder beruhigt. Er schaute sich die Katastrophe an, und sein Zorn verflog. Er verflog, so wie die letzten Wolken sich am Horizont verzogen. Und da beschloss Gott etwas: Nie wieder würde er so wütend werden. Nie wieder würde er es zulassen, dass er so ausrastete. Nie wieder würde er seinen Kriegsbogen spannen, gegen die Menschen: Nein, er würde diese Waffe des Zornes an den Nagel hängen, mitten in die Wolken. Dort sollte er sein, als Zeichen, dass in Zukunft Gottes Liebe die Überhand behalten würde. Und als Gott den Bogen in die Wolken hängte, da verwandelte er sich: in ein schillerndes, buntes, leuchtendes Gebilde, beinahe durchsichtig, und doch unglaublich schön: der erste Regenbogen. Eine Erinnerung für die Menschen und für Gott, dass Gottes Liebe größer ist, als alles, mit dem wir Gottes Zorn hervorrufen könnten."

Ihr wundert Euch vielleicht, warum ich diese Predigt über „Vielfalt braucht Verstärkung" mit einer Erzählung über die große Flut beginne. Eine Erzählung die leicht ins Märchenhafte, ins Fabelhafte abgleitet. Was soll das mit unserem Motto zu tun haben?

Es ist die Erzählung, wie eines der schönsten und romantischsten und zartesten Naturereignisse überhaupt entstanden ist: Der Regenbogen. Und damit auch das für mich schönste Beispiel dafür, dass Vielfalt ohne Verstärkung nicht auskommt. Denn ohne Vielfaltsverstärkung gäbe es den ganzen schönen Regenbogen nicht. Und das wäre ja sehr schlimm! Der Regenbogen: Immer wenn er am Himmel war, sollten die Menschen daran denken, wie Gott seinen Zorn beruhig hatte und wie er dann, als Zeichen der Versöhnung und der Liebe, seinen gewaltigen Kriegsbogen, mit dem er die Blitze der Zerstörung abschießen konnte, als leuchtend buntes, zartes Gebilde an den Himmel hängte, wo er ihn nie wieder wegnehmen würde. Die Botschaft des Regenbogens, der zum ersten Mal am Tag nach der großen Flut am Himmel leuchtete, ist: Gott liebt Euch, und Gott wird nicht noch einmal draufschlagen, ganz egal, was passiert. Daran sollt Ihr jedes Mal denken, wenn Ihr einen Regenbogen seht. Und jedes Mal, wenn Gott wieder die Wut in sich spürt, wenn ihn ganz schwäbisch „der Zora" packt, dann will er auf den Regenbogen schauen, und sich an sein Versprechen erinnern.

Nun ist es ja aber so, dass wir heute nicht mehr in Geschichten und Bildern denken. Unser naturwissenschaftlicher Blick sieht ja etwas anderes, als Gottes Bogen, den er da an den Nagel gehängt hat. Ich musste meinen Papa, den Physiklehrer im Ruhestand, fragen. Und der hat mir dann, der Verzweiflung nahe, versucht zu erklären: Die einzelnen Regenbogen wirken als Prismen, die das weiße, einfarbige Licht der Sonne aufbrechen in alle Farben des Regenbogens. Ich weiß zwar immer noch nicht, warum so ein Prisma so was macht, aber soweit konnte ich ihm folgen. Denn er hatte ein Glasprisma, das genau das tat. Ein kleiner Regenbogen in meiner Hand. Da hätte mein Papa aufhören sollen. Aber als Lehrer macht er ja dann einfach weiter: durch diese Prismen, die auf einer Bogenlinie sind, (was auch immer das sein mag), tun nun die verschiedenen Spektralfarben eben das, was Spektralfarben für gewöhnlich tun. Und irgendwie sortieren sich die vielen, unzähligen, kleinen Regentropfen, die aus den dunklen Wolken eines Gewitters fallen, nun auf dieser geheimnisvollen Bogenlinie, was schon mal echt beeindruckend ist für Regentropfen. Meine Erfahrung ist ja, dass sich selbst Menschen nicht mal in einer Reihe an die Kasse im Supermarkt organisieren können. Aber ich schweife ab.

Jedenfalls werden diese Regentropfen vom Licht der Sonne getroffen und wirken wie viele kleine Prismen. Unzählig oft wird das weiße Licht der Sonne aufgefächert in unzählige Farbbänder. Und durch ein physikalisches Wunder - da hat jetzt die Erklärung meines Papas vollständig versagt, sorry Papa — entstehen da jetzt am Himmel nicht unzählige kleine Regenbögchen, sondern *ein* großer Regenbogen.

Nur durch die Verstärkung der Vielfalt entsteht also ein großes Ganzes, etwas ganz Neues. Wenn da nur *ein* Regen-Tröpfchen wäre, oder zwei oder drei, dann wären die zwar in sich selber schon vielfältig bunt. Aber nur durch die Verstärkung von vielen, vielen anderen Regen-Tröpfchen entsteht der Regenbogen in meinem Auge.

Wie die einzelnen Wassertropfen seid auch Ihr, jede und jeder Einzelne ein Regenbogenfarbenband für sich, gemacht aus vielen Facetten, jede und jeder ein bisschen anders, ähnlich zwar, aber nie zwei ganz gleich im gleichen Moment an der gleichen Stelle. Und nur zusammen, vielfaltsverstärkt durch all diese Teile, jeder für sich, bilden wir dann den Teil des Ganzen. Den Regenbogen unserer Gesellschaft. Dieses Bild das gesehen werden, eine Stimme die gehört werden muss. Wir müssen einander Verstärkungsvielfalt sein, damit der Jugendliche, der am Leben verzweifelt sieht: Da ist noch Farbe, Hoffnung, Zukunft in meinem Leben. Wir müssen viel-verstärkungsfaltig sein, für die Welt, die Länder, die Gesellschaften, die nicht so bunt sind. Wir müssen ver-vielfaltig-verstärkt leben, für all diejenigen, die auch heute noch diskriminiert werden in unserer Welt. Denn die dunklen Gewitterwolken einer kälteren, graueren, brauneren Gesellschaft ziehen sich schon zusammen. Das ist das Geschenk Gottes, in den bunten Farben des Regenbogens, in unserer Regenbogenfahne: Dass wir alle anders sind, alle anders sein dürfen, und gemeinsam schön sind.

Amen

Die Erschaffung der Vielfalt[2]

Liebe Gemeinde

Vielfalt braucht Verstärkung. Das ist das Motto des CSDs 2020 in Stuttgart. Mit diesem Motto haben wir in den letzten 2 Wochen CSD gefeiert mit vielen Livestreams im Internet aus dem wunderbaren Studio des CSD im Gerber, mit einem Predigt-Slam zum CSD Motto und schließlich mit einer „Stell-ertreter*innen-Kundgebung" auf dem Marktplatz und dann mit einer Hocketse im Internet. Das Virus hat 2020 all unsere Pläne und Ideen ganz schön durcheinander gebracht. Aber dennoch haben wir den CSD gefeiert und begangen, haben politisch Gesicht gezeigt, haben uns an unsere vielfältige Geschichte als Bewegung von LSBTTIQ+ und plus erinnert und haben vor allem aufeinander aufgepasst. Auf all das bin ich sehr stolz.

Und so feiern wir auch dieses Jahr wieder unseren Gottesdienst zum CSD. Sonst ist es der Gottesdienst zwischen Parade und Party. Und das darf er auch heute sein, nur dass die Parade eben ein Jahr zurückliegt und die Partys hoffentlich bald wieder gefeiert werden können.

Wie jedes Jahr habe ich auch dieses Jahr wieder über das Motto nachgedacht. Vielfalt braucht Verstärkung. Und ich bin bei der Vielfalt hängen geblieben. Vielfalt. Wo kommt sie eigentlich her, diese Vielfalt? Wenn wir die Geschichte der

---

[2] Diese Predigt wurde zum CSD 2020 in Stuttgart gehalten.

Schöpfung dieser Welt lesen, so wie es im ersten Buch Mose beschrieben ist, dann merken wir schnell: Schon in der Schöpfung selber ist diese Vielfalt angelegt. Als alles geschaffen war, und Gott auf die Schöpfung sah und sagte: Es ist sehr gut, da war sie schon da, die Vielfalt in der Schöpfung. Ja, man könnte die Schöpfungsgeschichte sogar lesen als eine Geschichte von der Erschaffung der Vielfalt. Und so habe ich mir überlegt, wie diese Geschichte wohl klingen würde. Und ich habe sie geschrieben, diese Geschichte. Und wie alle Geschichten wird auch diese in Sprache erzählt, und manchmal, da ist Sprache nicht genug, um die Geschichte richtig zu erzählen. Daher ist in meiner Geschichte Gott ein Er, auch wenn von Anfang an und jetzt und in alle Ewigkeit Gott weder Mann noch Frau ist.

Es ist nur etwas, was ich mir ausgedacht habe. Aber vielleicht ist es ja genau so passiert.

Die Erschaffung der Vielfalt

Am Anfang war das Nichts. Nichts als ein einförmiges, einzelnes, einsilbiges Nichts. Überall war Nichts und Nichts war überall. Und der Geist Gottes schwebte in diesem Nichts, oder vielleicht schwebte er auch über diesem Nichts aber es gab ja nichts über diesem Nichts und daher schwebte Gott vielleicht auch um dieses Nichts herum. Jedenfalls schwebte Gott.

Und Gott sah dieses Nichts und nichts war darin und nichts unterschied dieses Nichts von irgendetwas anderem, weil alles andere war ja auch Nichts. Und da, ja da hatte Gott eine Idee! Er oder sie, da war Gott nicht festgelegt, jedenfalls Gott würde etwas schaffen! Etwas, das anders war als das Nichts. Als erstes würde er das Oben erschaffen, damit er endlich wissen würde, wo er denn schwebte in diesem Nichts. Und als Gott das Oben erschuf, da entstand gleichzeitig das Unten und endlich schwebte Gott oben über dem Nichts. Und weil er schon mal dabei war, da erschuf Gott auch gleich noch das Rechts und das Links und das Hinten und das Vorne. Jetzt konnte er schweben, in eine Vielfalt von Richtungen, wo vorher nur eine Einfalt von Nichts gewesen war. Und Gott schaute in dieses Nichts, und um ehrlich zu sein, nach einer Weile langweilte es ihn, in allen Richtungen über dem Nichts zu schweben. Denn das Nichts war einfach nur eintönig, einzeln. Und wenn es schon Farben gegeben hätte, dann wäre das Nichts wohl ein langweiliges Grau gewesen: eintönig, einförmig immer gleicht grau. Hmm… Farben! Das war eine gute Idee! Ja, Farben wären toll! Aber um Farben zu haben, da bräuchte man etwas, in dem man diese Farben sehen könnte. Und Gott sprach: Es werde Licht! Und es ward Licht. Und Gott tanzte in diesem Licht, wo Gott vorher nur in oder über oder vielleicht um dieses Nichts herum geschwebt hatte. So tanzte Gott nun in diesem hellen Etwas. Und weil das so großen Spaß gemacht hatte, da erschuf Gott auch gleich noch die Dunkelheit, und er trennte die beiden und so war ein Tag entstanden. Dieser Tag dauerte ziemlich lange, was etwas völlig Neues war, denn Gott hatte ja gleich auch noch die Zeit erschaffen und die Ewigkeit. Und nach einer Weile machte Gott mit dem Erschaffen weiter. Er erschuf Wasser, und in diesem Wasser entstand der Boden, und das Trockene und oben spannte sich ein Himmel, und unten lag die Erde. Und Gott schaute sich alles an, in Licht und in Dunkelheit und war ziemlich zufrieden mit dem Vielen, das er da aus dem einen Nichts erschaffen hatte. Und so war der zweite Tag vergangen und die Zeit selber war vielfältig geworden, denn zum ersten Mal gab es ein Heute und ein Gestern. Und es würde ein Morgen geben. Denn Gott hatte schon tolle Ideen für das Morgen. Ganz früh am Morgen fing Gott an, und hatte so gleich auch noch den Frühaufsteher erschaffen, und er begann: es sollten Dinge wachsen auf der Erde: lange dünne, die er Gras nannte, und kleine, die lustige bunte Knubbel hatten, die er Blüten nannte: rote und gelbe und orange! Und sie sollten groß und klein sein, und irgendwie wurde es immer bunter:

kleine Kräuter und große Bäume, schlanke Birken und Tannen, die sich in den Himmel reckten und die dicken Mammutbäume, die wie Felsen aus Leben in der Welt standen. Und weil er mit den Farben so viel Freude gehabt hatte, erfand Gott auch noch gleich die Gerüche und er schaute jede Blume und jeden Baum noch einmal an, und jede und jeder von ihnen wurde anders, eine Vielzahl von Formen, Farben und Gerüchen. Es war ein langer Tag gewesen, dieser dritte Tag der Schöpfung. Und weil Gott merkte, dass er nach einem so langen Tag recht müde war, da beschloss Gott, am nächsten Tag den Feierabend zu erschaffen. Aber dazu brauchte er ein Licht für den Tag und eines für die Nacht, Sonne und Mond, damit dazwischen Abend sein konnte, nach Morgen, Mittag und Nachmittag. So wurde der Tag vielfältig und Gott machte nach der Arbeit eine Pause. Ein vierter Tag war entstanden, einer aus einer Vielzahl von Tagen, die noch kommen würden.

Jetzt war Gott wirklich drin im Erschaffen! Ein ganzer Schaffensrausch entstand, ein Tanz der Schöpfung. Denn Gott erinnerte sich daran, wie er über und in diesem Nichts vom Anfang geschwebt hatte. War das wirklich erst vier Tage her, vier Tage, die so ganz und gar vielfältig gewesen waren? Und so schuf Gott am fünften Tag Dinge, die im Wasser schweben und schwimmen sollten: Kleine wimmelige Fische, die in einer Vielzahl von Vielfältigkeit um die bunten Wasserpflanzen herum schwimmen sollten! Große, behäbige Riesen, die Wale, die singend die Weiten durchpflügen; bunt leuchtende Wesen, die tief unten, wo das Licht der Sonne nicht hinkam, von Farben erzählen sollten; zerbrechliche Wesen, kaum mehr als das Wasser um sie herum, und andere, mit harter Haut und festem Panzer; welche, die tief unten schwimmen würden, und andere, die in den Wellen der Oberfläche tanzen konnten. Und so durchbrach Gott das Wasser, und ging in die Luft, und Gott erfand Flügel und Federn, in vielen Farben, und bald schwebte und flog und flatterte es auf der ganzen Welt in bunten Vogelscharen und in Schwärmen von Insekten summte und brummte es. Gott machte solche für den Tag und welche für die Nacht, und so war auch der fünfte Tag vergangen.

Am sechsten Tag füllte Gott den trockenen Teil der Erde. In den vergangen Tagen war er sehr gut darin geworden, vielfältige Wesen zu erschaffen, aber nun legte er noch einmal richtig los: Damit sie auf der Erde stehen konnten, gab er ihnen Beine: 4 zuerst, aber auch zwei funktionierten recht gut, das wäre eine Idee für die Vögel von gestern, damit die auch mal auf dem Boden herumlaufen könnten. Ein Bein funktionierte auch, auch wenn diese Wesen sich dann nur im Schneckentempo bewegen konnten. Und so gab er ihnen Ihr Haus gleich mit, damit sie für den Heimweg nicht so lange brauchen würden. Auch sechs Beine funktionierten klasse. Und wenn man dann noch zwei dazutat, und die dann haarig machte, wie bei der Vogelspinne, dann kitzelten sie ganz witzig, wenn sie über die Hand krabbelten. Sogar tausend Füße gingen, auch wenn es richtig Arbeit gemacht hatte, dass sie nicht durcheinandergerieten!

Und gar keine Füße klappten auch! Aber auch die großen Tiere wurden ganz unterschiedlich: Nicht nur die Farben waren anders, auch die Formen! Da gab es die mit dem gaaanz langen Hals, und andere, die eher rund und dick waren. Was würde wohl passieren, wenn man denen ganz große Ohren geben würde? Das war ja lustig! Und er machte die Nase auch noch ganz lang und nannte das ganze Elefant. Es war ein langer Tag und Gott schuf schneeweiße Tiere und quietschebunte, kuschelig warme Fellknäuel und glatte und bunte, die im Wasser und auf dem Land gleichzeitig leben konnten. Und da hatte Gott noch eine Idee: Er würde ihnen Stimmen geben, und Töne und Laute und Lieder! Und wo es vorher noch ganz still gewesen war, und nur Gottes erschaffendes Singen erklungen war, da füllte sich die Luft nun mit einer Vielzahl von Geräuschen, Lauten, Klängen und Stimmen.

Und Gott blickte sich in Gottes Schöpfung um und freute sich. Was für eine Vielfalt, was für ein Unterschied zum eintönigen, einförmigen Nichts, das da nicht gewesen war, vor einer Woche.

Langsam merkte Gott, dass er eine Pause machen wollte vom Erschaffen der Vielfalt. Aber eines würde er noch erschaffen. Jemanden, der in dieser vielfältigen Schöpfung leben würde, der auf diese Vielfalt Acht geben würde und sie pflegen könnte. Der sich an der Vielfalt erfreuen könnte, so, wie Gott selber über die Vielfalt des Erschaffenen jubelte und sang. Ja, Gott würde einen Menschen machen, im

Bilde Gottes sollte er sein, damit er selber schöpferisch vielfältig sein konnte. Und Gott nahm vom Boden für den Körper, und von der Luft für die Gedanken und die Träume, und vom Wasser für den Schweiß und für die Tränen. Und er nahm von der Ordnung des Tages und der Nacht und ein kleines bisschen auch von der Unordnung, die ganz am Anfang gewesen war. Und daraus formte er den ersten Menschen, eine Vielfalt in sich selber. Und als der Mensch da so lag, da merkte Gott, dass er zwei brauchen würde, damit das Bild Gottes vollständig wäre. Da entstand, im Abbild Gottes, Mann und Frau. Und einige sollten so bleiben wie sie sind, und andere sollten sich entwickeln können, den Weg von Mann zu Frau und von Frau zu Mann gehen, und es sollte auch welche geben, die ihren ganz eigenen Weg finden konnten. Und es sollte alles geben, zwischen Mann und Frau, in Gott war Vielfalt genug dafür. Bald wäre es geschafft. Aber weil da noch so viel Vielfalt in Gott war, machte Gott die Menschen vielfältig: Große und Kleine, Dicke und Dünne. Verschiedene Farben sollten sie haben, und ja, einige davon rote Haare, im Bilde Gottes schuf er sie. Ja, und auch innendrin sollten sie vielfältig sein: Gott legte Ideen in sie hinein, die gleichen Ideen, die Gott gehabt hatte, in dieser Schöpfungswoche, und weil er schon mal dabei war, auch noch Träume und Hoffnungen und die Fähigkeit vielfältig zu glauben. Für jede und jeden etwas anderes.

Und Gott nahm Liebe, denn davon hatte Gott jede Menge: Er legte Liebe in die Herzen der Menschen, eine Vielzahl von unterschiedlichen Lieben, einen ganzen Regenbogen davon: Sie sollten einander lieb haben, als Mann und Frau. Und einige sollen einander lieben als Mann und Mann und als Frau und Frau. Sie sollten den Einen oder die Eine lieben, ein ganzes Leben lang, oder viele hintereinander oder gleichzeitig und zugleich. Und selbst die Liebe selber sollte unterschiedlich und vielfältig sein: brennend heiß, Haut auf Haut, zärtlich beschützend, geduldig tragend, und immer wieder neu.

Und Gott sah, dass es gut war und Gott war zufrieden. Und so erschuf er den Ruhetag, denn das hatte er sich verdient. Aber bevor er Feierabend machte, gab es noch eines zu tun: Leben sollte der Mensch, gefüllt mit dem Atem Gottes. Und Gott beugte sich herab zum Menschen, Gottes Lippen berührten die Lippen des Menschen in all Ihrer Vielfalt, Mund auf Mund, der erste Kuss war erschaffen, ein Kuss von Gott und Mensch. In diesem Kuss unendlicher Liebe vermischte sich der Atem Gottes mit dem Atem des Menschen. Der Mensch öffnete die Augen und sah alles, was da geschaffen war von Gott, und siehe, es war sehr gut.

So wurde die Vielfalt erschaffen.

Amen

Erster Segen
Die Buchstaben von LSBTTIQ+: L wie Lesbisch

Lesbisch, schwul, bisexuell oder trans* oder gar queer zu sein, war viele Jahrhunderte nicht etwas, das in den Kirchen offen gesegnet worden ist. Oft konnten wir, die wir uns im Regenbogen von LSBTTIQ+ wiederfinden, froh sein, wenn gar nicht über uns geredet wurde. Denn Schweigen war oft besser als die Worte, die uns verletzten.

Daher wollen die folgenden Segen ganz bewusst gesagt werden: Gegen die verletzenden Worte, gegen das unsägliche Schweigen. Es soll unsere Liebe zu Wort kommen, unsere Erfahrung, unser Sein. Über all dem sollen Worte des Segens gesagt werden. Ein Segen, von dem wir glauben, dass er von Gott her schon lange da ist. Es waren die Menschen, die diesen Segen nicht aussprechen wollten, die den Segen verweigerten.

Unsere Lebens- und Liebenswirklichkeiten sollen benannt werden, auch die, die in unserer eigenen Szene, der Gemeinschaft von LSBTTIQ+ oft vergessen und verschwiegen werden. Und so beginnt der Reigen dieser Segen auch mit den Frauen, der lesbischen Frauen. Oft sind sie doppelt unsichtbar gemacht worden: Als Frauen von der Gesellschaft der Männer, als Lesben von den Schwulen.

Dieser erste Segen gilt daher den Lesben.

LSBTTIQ+: L wie Lesbisch

Lesben, Frauen, Schwestern, Freundinnen, Geliebte:
Seid gesegnet von Gott, die größer ist als unsere
Erwartungen:

Gott, Liebe, die wir so sehr brauchen,
segne Euch für die Liebe, von Frau zu Frau.

Gott, weibliche Weisheit, die zu uns spricht,
segne Euch mit dem Wissen: Liebe gilt dem
Menschen, nicht dem Geschlecht.

Gott, weiblicher Atemhauch Gottes, schon am Anfang
weiblich,
segne Euch mit Segen, der Euch atmen lässt,
miteinander, frei in der Welt.

Gott, Mutter, die Ihren Kindern unter Ihren Flügeln
Zuflucht gibt
segne Euch mit Segen, mütterlich, weiblich, zärtlich,
freundschaftlich.

Gott, größer als unsere Vorstellung und unsere
Grenzen,
segne Euch mit Segen, der größer ist als alle
Erwartungen von Heteros,
Erwartungen davon, wen Ihr lieben sollt.

Gott, jenseits von Geschlechterrollen,
segne Euch mit Liebe, die alle umfasst.

Gott, die Göttin ist und Gott und göttliches Sein,
segne Euch für Euer Sein, für Euer Leben, für Eure
Liebe, für Eure Beziehungen.
Amen

Zweiter Segen
Die Farben des Regenbogens: Rot für das Leben

Das lateinische Wort für Segen erzählt uns ganz viel darüber, was ein Segen sein soll. Auf Lateinisch heißt segnen benedicere. In diesem Wort verstecken sich die Worte bene für gut und dicere für sagen. Segen ist also Gut-sagen. Gutes verkündigen, Gut-sprechen. In der Geschichte wurden Menschen mit einer anderen sexuellen Orientierung oder einer anderen sexuellen Identität als die Mehrheitsgesellschaft oft ausgegrenzt. Es wurde schlecht über sie geredet, man hat ihnen alle möglichen Verfehlungen vorgeworfen. Das ist das genaue Gegenteil von Segen. Da wurde den Menschen Gutes vom Leben weggenommen. Sie wurden krank geredet, aus der Gesellschaft herausgeredet. Daher ist es uns heute so wichtig, Lebens-Segen zu sagen.

Die Regenbogenfahne ist das Symbol der LSBTTIQ++ Gemeinschaft. Sie symbolisiert Vielfalt und das Bunte in unserer Welt. Traditionell hat jede dieser Farben eine Bedeutung. Es gibt ganz unterschiedliche Erklärungen für die Farben, und alle sind eingeladen, diese Farben selber mit Bedeutung zu füllen. Für diesen Segen sehen wir in der Farbe Rot das Leben.

Rot: Die Farbe des Lebens im Regenbogen

Ein Segen für die Fülle des Lebens:
Für den Beginn und die Jugend, mit Ihrer Kraft, der Hoffnung und dem Aufbruch.
Für die Mitte und das Erwachsensein, mit seiner Verantwortung und seinen Möglichkeiten.
Für das Älterwerden, mit der Ruhe, der Weisheit, aber immer noch mit Kraft.

Ein Segen für die Schönheit des Lebens:
Für die Begegnungen, die kurzen wie die lebenslangen.
Für die Erfahrungen, die uns reicher machen.
Für die Liebe, die das Zentrum ist.

Ein Segen für die schweren Momente des Lebens:
Für den Verlust, der schmerzt, weil es vorher so schön war.
Für die Trauer, die nur da sein kann, wo vorher Liebe war.
Für die Einsamkeit, dass sie kurz sein möge, und bald vergeht.

Ein Segen für das Leben, das uns geschenkt ist:
Für die Entdeckung dessen, wer und was wir sind.
Für die Liebe, die unsere Liebe in unserem Leben ist,
die uns niemand nehmen kann.
Für die Freiheit, dass wir unser Leben frei leben dürfen.

Und ein Segen für das Leben an sich:
> Für jeden Herzschlag, Atemzug, Augenblick
> Für die Tage, Wochen, Jahre
> Für den Anfang und das Ende, und für die Fülle
> dazwischen.
> Amen

Dritter Segen
LSBTTIQ+: S wie Schwul

Segen ist etwas, das ganz tief in unserer Gesellschaft und in unserer Sprache verankert ist. Aber oft haben wir vergessen, dass ein Wort oder ein Satz eigentlich ein Segenswunsch ist, etwas, das dem oder der anderen ein Mehr an Lebensenergie zuspricht. Unser gutes altes süddeutsches „Grüß Gott!" ist so ein Segenswunsch. Eigentlich heißt das: Gott grüße Dich. Oder, um es besser zu verstehen: Möge Dir Gott freundlich begegnen.

Diese Begegnung mit Gott ist es, die ein Segen wünscht. Und hier kommen wir Menschen ins Spiel. Denn wir sollen einander diese Begegnung schenken mit dem Guten, mit allem, was das Leben schöner und reicher macht. Die freundliche Begegnung mit Gott ist nicht ein mystisches Geheimnis, das nur wenige Auserwählte, besonders Fromme und Heilige erleben können. Nein, Segen soll in der Begegnung mit anderen Menschen passieren, jeden Tag: in einem Kuss, einer liebenden Umarmung, im Sex, in der Begegnung mit dem anderen. Segen soll alltäglich, tagtäglich sein, so, wie es ein „Grüß Gott" auch ist.

Heute ist es ein Segen für das S in LSBTTIQ+: für die Schwulen, das Schwulsein an sich.

LSBTTIQ+: S wie in Schwul

Gott segne Dich und behüte Dich, Gott schaue Dich leuchtend an, und Gott lasse Dich in Zeiten des Friedens leben.

Gott segne Dich
mit wunderbaren Männern in Deinem Leben, die gut für Dich sind, die Dich mögen, die Dein Leben reicher machen.

Gott segne Dich
mit Freunden und Partnern, mit Männern, die Deinen Geist ansprechen und Deinen Körper.

Gott segne Dich
mit Begegnungen, die ein Leben lang halten oder die die Freude eines Augenblicks sind.

Gott gebe Dir
die Älteren und die Jüngeren, die Bären und die Twinks, die Freunde zum Reden und die Buddies für den Sex.

Gott behüte Dich
in all den unterschiedlichen Begegnungen.

Gott behüte Eure Gesundheit und Eure Liebe.

Gott behüte die Orte,
die wir brauchen, um Gemeinschaft zu leben.

Gott behüte Eure Beziehungen vor Verletzung und
Verlust.

Gott schaue Dich an,
und im Spiegel von Gottes Augen sieh auch Du,
was Du bist:
   Wunderbares, geliebtes Kind Gottes!
   Ein toller Mensch, ein toller Mann, ganz egal,
   was die Mode der Szene gerade sagt.
   Sieh auch Du: Du bist begehrenswert für einen
   anderen Menschen dort draußen.

Gott lasse Dich in Zeiten des Friedens Leben:
Im Frieden einer Beziehung oder im Frieden der
Freiheit ohne feste Bindung.
Im Frieden auf der Straße Händchen halten zu
können und daheim Dein, Euer Leben zu leben.
Im Frieden, der Orte der Begegnung möglich macht,
und fröhliche Feste und der immer wieder da ist,
damit Du ganz Du selbst sein kannst.
   Amen

Vierter Segen:
Die Farben des Regenbogens: Orange für die Gesundheit

„Xsondheit!" Wie oft haben wir dieses schwäbische Wort schon gesagt, wie oft es jemandem zugerufen? Ein herzhaftes Niesen in die Armbeuge und wir sagen es: „Gesundheit!" Eigentlich ist das ein: „Gesundheit wünsche ich Dir, ganz besonders jetzt, wo du niesen musst. Sei gesund und bekomme keinen Schnupfen! Das ist ein Segenswunsch, den wir da ganz automatisch sagen.

Und gerade die LSBTTIQ++ Gemeinschaft hat gelernt, wie wichtig Gesundheit ist. Und wie sehr hätten wir uns in der Vergangenheit gewünscht, in Zeiten von HIV und AIDS, wenn die Menschen uns diesen Segen zugerufen hätten, anstatt uns auszugrenzen, Angst zu schüren, HIV Infizierte und AIDS Kranke zu diskriminieren. Da wäre ein ernst gemeinter Segen: Gesundheit! wunderbar gewesen.

Und wie oft wurde Gesundheit als Waffe gegen uns eingesetzt, nicht als Wunsch und Segen, sondern als Forderung: Werde gesund, höre auf schwul, lesbisch, bi oder trans zu sein und werde wie wir: hetero, normal, unauffällig, nicht anders als die anderen. Da wurde aus einem Segenswunsch ein schwerer Stein, der auf unseren Seelen lag.

Daher heute ein Segen mit der Farbe Orange in unserer Regenbogenfahne. Sie steht für Gesundheit und so ist heute ein Gesundheitssegen an der Reihe.

Orange: Die Farbe der Gesundheit im Regenbogen

Seid gesegnet mit Gesundheit.
    Mit dem Schutz vor allem, was von außen kommt,
    und Euch schaden kann.
    Mit der Kraft die von innen kommt.
    Mit Wohlergehen in den kleinen Dingen des
    Alltags
    Und mit der Gesundheit, die ein Leben begleitet.
Seid gesegnet mit Medizin,
    die Euch hilft, wenn Ihr sie braucht.
    Mit dem Erfolg der Forschung, die nach Impfstoff
    und Heilung sucht
    Mit Ärztinnen und Ärzten, die Euch verstehen und
    Euch helfen können.
    Und mit der Gesundheit,
    die immer wieder neu ist.
Seid gesegnet mit Achtsamkeit, auf Euch selbst.
    Mit der Achtsamkeit auf das Wohlergehen derer,
    die Euch begegnen.
    Mit der Achtsamkeit der anderen, die auf Eure
    Gesundheit achten.
    Und mit der Gesundheit, die aus liebender
    Berührung kommt.
Seid gesegnet mit Schutz, in Zeiten von Corona und
HIV, und allem anderen.
Seid gesegnet mit Gesundwerden und Erholung
Seid gesegnet mit Gesundbleiben und mit Gutem für
Körper, Geist und Seele
Seid gesegnet mit dem Wunsch, der ein Segen ist:
Gesundheit.
Amen

Fünfter Segen:
LSBTTIQ+: B wie Bisexuell

Als christliche Gemeinde haben wir uns mit diesen täglichen Segen an der Vielfalt der Angebote des CSD 2020 in Stuttgart beteiligt: Vom Drag-Make Up Tutorial bis zum queerem Marketing, von Strategien gegen Rassismus und queerfeindlicher Gewalt bis zu den Träumen von einem Regenbogenhaus in Stuttgart, war 2020 alles dabei. Die ganze Vielfalt des Regenbogens war in diesem Programm vereint. Und gerade hier ist eine weitere Besonderheit von Segen ganz wichtig: Es gibt keine vorgefertigten, festgelegten Segen, eine Liste von erlaubten, autorisierten Standardsegen. Natürlich, es gibt traditionelle Worte, die wir dann auch im Gottesdienst hören. Aber auch diese traditionellen Worte sind nur ein Segensspruch unter Millionen anderer. Wir dürfen diesen Segen, der von Gottes Vielfalt her kommt, immer wieder neu formulieren und sagen. Wir dürfen nicht nur, sondern wir sollen es tun: Immer wieder neu für die jeweilige Situation, für den jeweiligen Menschen, für die jeweilige Beziehung, den Ort und die Zeit sollen wir Worte des Segens finden.

Heute ist es ein Segen für eine Gruppe innerhalb unserer LSBTTIQ+ Gemeinschaft, die sich oft als vergessen, verdrängt und nicht ernst genommen wahrnimmt: den Bisexuellen. Es ist ein besonderer Segen des Gesehen Werdens, des Ernst Nehmens.

LSBTTIQ+: B wie Bisexuell

Liebe ist gesegnete Vielfalt, Liebe ist größer als
Schubladen, Liebe ist Geschenk, das immer wieder
überrascht, Liebe ist immer wieder neu, Liebe darf
anders sein als andere es erwarten.

Lebt die gesegnete Vielfalt Eurer Liebe
Seid gesegnet mit der Kraft, diese Liebesvielfalt
zu leben.
Seid gesegnet mit dem liebendem
Widerstandgegen die Festlegungen.

Vergesst nie: Liebe ist größer als Schubladen.
Seid gesegnet mit einem Leben außerhalb der
Erwartungsschubladen
Seid gesegnet mit Liebe, die Ihr jenseits von
Schränken findet.

Freut Euch über das Geschenk der Liebe, die
immer wieder überrascht
Seid gesegnet mit immer neuen Geschenken, die
Ihr erhaltet und gebt.
Seid gesegnet mit der Überraschung des Lebens,
wenn Ihr einen Menschen liebt,
egal, ob Frau oder Mann.

Lasst Euch erneuern von der Liebe, die immer
wieder neu ist

Seid gesegnet mit der Zukunft, die eine neue Liebe bringen kann, ein neuer Mann oder eine neue Frau in Eurem Leben.

Seid gesegnet, dass Ihr immer wieder neuer Segen im Leben einer Frau oder eines Mannes sein dürft.
Sagt es immer wieder: Liebe darf anders sein als andere es erwarten.

Seid gesegnet mit Liebe, ganz egal, was andere erwarten.

Seid gesegnet mit Liebe, die größer ist als selbst Eure eigenen Erwartungen.

So segne Euch Gott, den viele Traditionen als Mann sehen, der Männer und Frauen liebt.
Amen

Sechster Segen:
Die Farben des Regenbogens:
Gelb für das Sonnenlicht

Die güldne Sonne / voll Freud und Wonne
bringt unsern Grenzen / mit Ihrem Glänzen
ein herzerquickendes, liebliches Licht.
Mein Haupt und Glieder, / die lagen darnieder;
aber nun steh ich, / bin munter und fröhlich,
schaue den Himmel mit meinem Gesicht.

Mit diesem Lied beschreibt Paul Gerhardt, der berühmte protestantische Liederdichter, mitten in einer Zeit von Krieg und Krankheit und auch von persönlichem Verlust, den Segen, den die Sonne bringt. Und was im 17. Jahrhundert wahr war, das stimmt auch heute noch: Jeden Morgen erinnert uns der Sonnenaufgang daran, dass das Leben weitergeht, und jeden Sonnenuntergang sehen wir mit der Sicherheit, dass es nur die Erde ist, die sich dreht, das Sonnenlicht aber bleibt.

Was hier so trivial klingt, ist in Wirklichkeit ganz wichtig. Auch wenn es manchmal dunkel ist, es ist immer wieder hell geworden, und auch wenn die Alltagswolken, oder die Sorgen und Nöte, die wir alle kennen, das Sonnenlicht verdecken, so ist die Quelle des Lichts, die Sonne selber, immer da. Und aus dem Licht der Sonne wird dann ein Regenbogen.

Gelb: Die Farbe des Sonnenlichts im Regenbogen

Euer Leben sei gefüllt mit Freude und Wonne vom Aufgang der Sonne bis zu Ihrem Niedergang.

Die Grenzen, die die Menschen uns setzen, die uns einengen sollen, einsperren in den Konventionen der Mehrheitsgesellschaft, die uns ausgrenzen in vielen Ländern der Welt: Diese Grenzen bescheine das regenbogenfarbene Licht der Sonne, damit wir sehen: es sind nur Grenzen von Menschenhand gemacht.

Die Sonne scheine das Licht der Liebe auf diese Grenzen und durchbreche sie.

Das Licht der Sonne gebe unserem Haupt, unserem Denken und unserer Kreativität die Kraft, gegen das Dunkle anzukämpfen.

Das Licht der Sonne wecke unsere Körper, damit wir lieben und leben können

Das Licht der Sonne, grenzenlos, segne Euch mit allen Farben des Lebens und der Liebe.
Amen

Siebter Segen
LSBTTIQ+: T wie Transgender

Als die moderne politische Bewegung unserer Community begann, mit den Aufständen rund um das Stonewall Inn in New York, da war schnell der Ausdruck „Gay Rights Movement" geprägt. Und auch wenn wir heute diesen Begriff für die gesamte LSBTTIQ+ Gemeinschaft verstehen, so war es doch damals anders: Es war klar: die schwulen Männer sind gemeint. Mann (mit zwei nn) wusste zwar, dass es auch Lesben gab, aber schon die waren weit weg. Und Menschen mit Trans-Erfahrungen, die waren vollends unsichtbar.

Aber das war natürlich nur das, was von der schwulen Mehrheit in LSBTTIQ+ erzählt und erinnert wurde. Von Anfang an, schon weit vor Stonewall, dann in den Aufständen selber, und danach, waren es Transgender und transidente Menschen, die ein Teil der Bewegung waren. Sie waren sogar ganz vorne dabei im Kampf um unsere Rechte. Es dauerte leider Jahrzehnte, bis das auch im Bewusstsein unserer Szene angekommen ist. Menschen, die sich in den beiden Ts, dem Trans in LSBTTIQ+ wiederfinden, sind ein wichtiger Teil unserer Bewegung und sollen es auch sein. Auch und gerade, wenn das manche, auch in unserer eigenen Szene, immer noch nicht so sehen.

Der heutige Segen ist ein Segen für das T, wie in Transgender, ein Segen, der Kraft geben soll. Und er ist ein Segen für den Rest von LSBTTIQ+ und für die Mehrheitsgesellschaft, dass sie lernt, wie vielfältig und schön LSBTTIQ+ in Wirklichkeit ist.

LSBTTIQ+: T wie Transgender

Seid gesegnet mit dem Segen der Erkenntnis,
  dass Geschlecht mehr als der Körper ist, und dass
  es gemacht ist:
  gemacht von der Erwartung der Gesellschaft und
  der anderen,
  von Traditionen und Rollen, die uralt und
  festgefahren sind.

Dieser Segen der Erkenntnis segne Euch
  Mit der Freiheit, Ihr selber zu sein, jenseits von
  Erwartung, Druck und Tradition,
  mit dem Mut, Euch selber zu suchen und zu
  finden,
  mit der Freude, Rollen zu durchbrechen und
  Traditionen neu zu beginnen.

Seid gesegnet mit einem Segen der Geduld und der
Ungeduld.
  Geduld, wenn der Weg lang ist,
  und Ungeduld, endlich ein Ziel zu erreichen
  Geduld, wenn die anderen wieder nicht
  verstehen,
  und Ungeduld, dass sie endlich hören und lernen
  und begreifen.

Dieser Segen der Geduld und der Ungeduld segne
Euch, die Ihr Euch als Transgender versteht
  mit der Kraft, Euren eigenen Weg zu gehen

Dieser Segen der Geduld und der Ungeduld segne
Euch, die Ihr glücklich in Euren Geschlechterrollen
lebt
     mit der Erkenntnis, dass da mehr ist.
     Er segne Euch mit dem Hören, dem Lernen und
     dem Verstehen,
     das wir alle dringend brauchen.
     Amen

Achter Segen
Die Farben des Regenbogens: Grün für die Natur

Segen erleben wir auf ganz unterschiedliche Arten und Weisen. Die längste Zeit in der Geschichte der Menschheit haben die Menschen den Segen Gottes ganz praktisch erlebt: Wenn Sonnenschein und Regen die richtige Menge hatten, wenn die Ernte gut war und die Zeiten friedlich, dann fühlten sich die Menschen gesegnet. Heute, im 21. Jahrhundert, im reichen Norden und Westen der Welt, in einer Union von Ländern, die sich EU nennt, in der wir seit vielen Jahrzehnten im Frieden leben, da ist dieser Segen immer noch da. Aber er ist manchmal schwer zu spüren. Denn vieles scheint so selbstverständlich zu sein. Das Wetter trifft uns nicht mehr so hart, es ist selbstverständlich, dass die Heizung und die Klimaanlage funktionieren. Hunger müssen wir nicht leiden, höchstens, wenn wir Diät halten wollen. Und im Frieden sind wir aufgewachsen.

Daher müssen wir uns an Segen erinnern und den Segen sagen. Erinnern daran, dass wir gesegnet sind, und sagen, damit wir es wieder hören, in den vielen Stimmen dieser Zeit.

Das Grün in der Regenbogenfahne erinnert uns an die Natur. An unsere eigene Natur, und die Natur, in der wir leben. Das Grün bestärkt uns, zu sein, wie wir sind, wie es unsere Natur ist. Und es zeigt uns, dass schon in der Natur die Vielfalt der Lebensmöglichkeiten gegeben ist.

Grün: Die Farbe der Natur im Regenbogen

Gott segne Euch mit einem Auge für die Natur.
In der Hektik des Lebens, in der zugebauten Welt der
Stadt, im künstlichen Licht der Büros, seid gesegnet
mit Momenten der Natur:

Mit dem langsamen Wachsen der Bäume:
    Es gebe Euch Zeit für Euer eigenes Wachsen

Mit der Weite der grünen Wiesen im Park oder
draußen vor der Stadt:
    Sie gebe Euch Raum, zum Tanzen und Springen,
    zum Austoben und im Sonnenschein Liegen.
    Sie erzähle Euch von Eurer eigenen Weite, dem
    Raum in Euch.

Mit dem Licht der Sonne, unterschiedlich, kommend
in der Morgenröte und verblassend am Abend und
dem Licht des Mondes, silbern über der Stille der
Nacht:
    Es gebe Euch Vielfalt der Farben in Eurem Leben,
    gegen das Grau des Alltags. Es erhelle Eure Tage
    und mache Eure Nächte wunderschön.

Gott segne Euch mit dem Wissen um Eure eigene
Natur:
    Dass Ihr in einem Körper lebt, der Teil dieser Welt
    ist.
    Ein Körper der Euch so viel schenken kann:
    Zufriedenheit und Freude, Lust und Ekstase.

Ein Körper, der Eure Verantwortung ist, um den Ihr Euch kümmern sollt und dürft.

Ein Körper, der sich verändern darf und wird, mit der Zeit und auf Euren eigenen Wegen.

Ein Körper, mit dem Ihr entdecken dürft, wer und was Ihr wirklich seid.

Amen

Neunter Segen
LSBTTIQ+: T wie Transsexuell

Gesegnet werden, gesegnet sein, heißt immer auch: wahrgenommen werden, angesprochen werden, beim eigenen Namen genannt werden. Das liegt in der Natur des Segens. Es ist immer ein „Du", das da gesegnet wird. Schon im Aussprechen des Segens sagen wir also: Ich sehe, dass Du da bist, ich nehme Dich wahr, so wie Du bist, mit allem, was zu Dir gehört. Und ich spreche Dich an, Dich, den Einzelnen oder Euch, die Gemeinschaft von zweien, dreien oder vielen. Segen ist also nie ein Reden ins Blaue hinein, sondern es ist immer ein Geschehen im Gespräch und im Austausch. Viele Menschen, die sich selber als transsexuell verstehen, haben in Ihrem Leben das Gegenteil erlebt: Sie wurden nicht wahrgenommen, als der Mensch, die Frau, der Mann, der sie sind. Wahrgenommen hat die Gesellschaft nur das, was die Gesellschaft sehen wollte. Und auch nach der Transition: da schauen Menschen weg, oder wollen immer noch das Alte sehen, wo doch nun alles neu und richtig ist. Und dann wird mensch angesprochen: mit dem vergangenen Geschlecht, oder manchmal auch gar nicht, aus Angst, das Falsche zu sagen. Oder gar mit dem alten Namen, der nie richtig war.

Hier erinnert Segen daran, dass von Gott her etwas anderes gilt: Ich habe Dich bei Deinem Namen gerufen, heißt es da: Mit dem Namen, den Gott schon lange kennt und ruft. Ich kenne Dich, schon bevor Du im Mutterleibe gemacht warst, heißt es an einer anderen Stelle: Ich kenne Dich, tiefer und besser und liebender, als es die Grenzen eines Körpers zulassen.

All das soll im Segen heute gesagt werden:

LSBTTIQ+: T wie Transsexuell

Ihr seid gesegnet: von Gott gesehen, gehört, wahrgenommen.

Ihr seid gesegnet in dem, wie Ihr ausseht, was Ihr zeigt von Euch.

Der Segen Gottes schütze Euch davor, im Alten gesehen zu werden.
Der Segen Gottes lasse Euch leuchten in Eurer Schönheit.
Der Segen Gottes gebe Euch Kraft, Euren eigenen Look zu finden.

Ihr seid gesegnet in dem, was Ihr sagt, was Ihr von Euch erzählt.

Der Segen Gottes gebe Euch Menschen mit offenen Ohren, die Euch zuhören.
Der Segen Gottes gebe Euch Menschen, die zuhören und verstehen wollen.
Der Segen Gottes gebe Euch Menschen, die das Verstehen weitergeben.

Ihr seid gesegnet in dem, wie Ihr wahrgenommen werdet.

Der Segen Gottes gebe Euch die Kraft, selber darüber zu bestimmen.

Der Segen Gottes gebe Euch die Erkenntnis des Menschen, der Ihr seid.
Der Segen Gottes gebe Euch, dass Ihr Euch selbst in Eurer Schönheit wahrnehmen könnt.

So seid gesegnet in Eurem Körper,
In Eurem Sein,
Mit Deinem eigenen Namen.
Amen

Zehnter Segen
Die Farben des Regenbogens: Königsblau für die Harmonie

Als den Farben der Regenbogenflagge Bedeutungen zugeschrieben worden sind, da war manches sicher einfach: grün wie die Natur, und gelb wie das Sonnenlicht, da war nicht viel Kreativität notwendig. Andere Farben erschließen sich nicht so einfach. Und da sind es dann die Themen, die Bedeutungen, die sich die Farbe gesucht haben. Es sind Bedeutungen, die wir uns für uns und für andere wünschen, die wir brauchen, von denen wir träumen, die wichtig sind. Die Harmonie ist so eine Bedeutung, und sie hat sich die Farbe Blau gewählt.

Harmonie heißt, in einem schönen Klang mit einem anderen Ton zu schwingen, oder in einem schönen Bild mit einer anderen Farbe zu leuchten. Es heißt, eine ähnliche Wellenlänge zu haben, in Ton oder Licht mit dem anderen, oder auch mit sich selbst. Harmonie ist etwas, das uns gut tut, das wir als Menschen suchen.

Und gerade als Menschen aus der LSBTTIQ+ Gemeinschaft wissen wir, wie wichtig Harmonie ist. Viele von uns haben erlebt, dass wir nicht in Harmonie waren, mit unseren Körpern, unseren Gefühlen, unserer Sexualität. Da brauchte es ein Coming out, um uns einzustimmen mit uns selbst oder mit anderen. Viele haben erlebt, dass Ihr Körper nicht mit dem in Harmonie ist, was wir wirklich sind: Da brauchte es das zu sich selber Stehen, im echten Geschlecht, im echten Namen, im wirklichen Sein.

Und wir alle wissen, wie schlimm es ist, wenn man in der Familie, der Stadt, dem Land, in dem man lebt, nicht in Harmonie ist. Wenn man als Missklang wahrgenommen wird, und als falsche Farbe ausgegrenzt wird, dann fehlt die Harmonie. Und diese Orte, diese Familien, Städte und Länder gibt es auch heute noch, viel zu viele

Der heutige Segen ist daher ein Wunsch, dass Harmonie sein möge, ein Wohlklang, der Leben möglich macht.

Königsblau, die Farbe der Harmonie im Regenbogen

Gott segne Euch mit Harmonie von Körper, Geist und Seele.
Dass Ihr mit Freude Eure Gefühle leben könnt,
dass Euer Körper ein Teil Eurer Liebe sein kann.

Gott segne Euch mit Harmonie von Körper und dem,
wer und was Ihr wirklich seid
Dass Euer Körper dem entspricht, was Ihr seid
Dass Ihr Euch in Euren Körpern wohl fühlt.
Dass in Euch, mit Euch und für Euch ein guter
Klang ist.

Und Gott segne Euch und die Menschen auf der
ganzen Welt mit Harmonie
Gott gebe uns Worte des Friedens, der
Akzeptanz, des Willkommens.
Gott schütze die LSBTTIQ++ Gemeinschaft auf der
ganzen Welt vor Ausgrenzung und Gewalt.

Gott behüte uns vor radikalem Gedankengut,
Gott behüte unsere Partnerschaften, unsere
Familien,
jede und jeden von uns, vor denen, die uns als
Misstöne sehen.

Und Gott gebe, in allen Ländern dieser Welt,
ein harmonisches Miteinander.
Amen

Elfter Segen
LSBTTIQ+: I wie Intersexuell

Segen, dieser Zuspruch von mehr Leben, ist etwas, das wir sagen und empfangen dürfen. Sagen mit allen guten Wünschen, die wir in unsere Sprache packen können, und empfangen mit der ganzen überraschenden Kreativität, die so ein Segen mit sich bringen kann.

Oft wollen wir aber über diesen Segen verfügen. Da hätten wir, die wir den Segen sagen, gerne die Macht darüber. Das ist die große Versuchung im Segen: Der Segen soll genau so sein, wie wir ihn sagen, und gesegnet werden soll der andere Mensch, die andere Situation genau so, wie wir es formulieren. Da soll der Mensch genau das bekommen, was wir ihm oder Ihr wünschen, da soll die Situation, eine Beziehung etwa, genau so sein, wie wir uns das vorstellen. Gott sei Dank wirkt echter Segen nicht so. Segen ist kein Zauberspruch, mit dem wir, die wir ihn sagen, genau das für die Gesegneten bekommen, was wir wollen. Echter Segen kommt von Gott, und ist so überraschend wie ein neuer Tag, so kreativ, wie das Licht selber, so immer wieder neu, wie eine Pflanze, die aus einem kleinen Samen zum Mammutbaum wird.

Daher dürfen wir auch das Unbekannte, das uns Fremde segnen. Wir dürfen Segen sagen, der vieles wünscht, und noch viel mehr offen lässt. Wir sollen diesen Segen auch so sagen, dass er offen und frei bleibt für die Gesegneten. Dass sie selber den Segen füllen dürfen mit dem Leben, das wir zusprechen. Intersexuelle Menschen werden auch heute noch oft als das Unbekannte, das Fremde um LSBTTIQ+ wahrgenommen. Und anstatt sie einfach wie Menschen zu sehen, werden sie oft medizinisch zu Syndromen gemacht. Doch sie sind einfach, was sie sind: Menschen.

Und daher sollt Ihr gesegnet sein, mit guten Wünschen, und vor allem mit dem Segen, der größer ist als eine Definition, eine Vermutung, ein Vorurteil und ein Urteil dessen, der den Segen sagt.

LSBTTIQ+: I wie Intersexuell

Seid gesegnet mit dem Segen des Wissens, wer Ihr
seid, was Ihr sein könnt;
>das Wissen, dass ein eigenes Leben, nach Euren
>Regeln, möglich ist;
>das Verstehen, dass Ihr Euer Leben selber leben
>dürft;
>das Begreifen, dass Menschen mit ganz
>unterschiedlichen Geschlechtern zu unserer
>Gemeinschaft gehören.

Dieser Segen des Wissens segne Euch
>mit Leben, so wie Euer Leben sein soll,
>mit Liebe, über alle Geschlechtergrenzen hinweg
>mit Lust, immer wieder neu zu entdecken, wer
>und was Ihr seid.

Dieser Segen schütze Euch
>vor den Vorurteilen anderer.
>Davor, dass andere über Euch entscheiden.
>Davor, dass andere Euch definieren wollen, ohne
>Euch wirklich zu kennen.

Dieser Segen stärke Euch
>mit Kraft für jeden Tag und ein ganzes Leben.
>Mit Kraft zu wachsen.
>Mit Menschen, die mit Euch unterwegs sind.

>Und seid gesegnet mit einem Segen, der größer
>ist als dieser Segen.

Einem Segen, den Ihr selber mit Leben füllt.
Einem Leben, in dem Ihr kreativen, überraschenden und neuen Segen spürt.
Amen

Zwölfter Segen
Die Farben des Regenbogens: Violett für den Geist

Segen heißt, ein Mehr an Lebensenergie in jemanden oder etwas hineinlegen. Also einen Menschen, eine Partnerschaft, einen Ort oder auch ein Ding lebendiger zu machen, als es ohne diesen Segen war. Segen ist also etwas zutiefst Lebensschaffendes, etwas Schöpferisches. Am Anfang war es der Geist Gottes, die alles ins Sein gerufen hat, die schöpferisch geschaffen hat, die der Leere des Anfangs die Fülle des Lebens gegeben hat. Und auch als der Mensch geschaffen wurde, war das so: Der Mensch, als Mann und Frau, sieht so aus, wie Gott selber aussieht, Mann und Frau, vielleicht beides in einem. All das wurde vom Geist Gottes als weiblicher Atemhauch in einen Klumpen Erde gehaucht: Die Ruach, der Geist, die Atemluft Gottes füllte ihn, und der erste Mensch war geboren. In jedem und jeder von uns steckt also, so erzählen es die alten Geschichten, ein Atemhauch Gottes, die weibliche Kraft, ein erster Kuss von Gott und Mensch.

Seither sind wir mit diesem Kuss des Lebens gesegnet. Und daher dürfen wir im Regenbogen auch das Violett feiern, für den Geist. Es ist der Geist des Lebens, der Geist des Denkens, der Geist der Kreativität. Es ist aber auch der Geist der Gemeinschaft, die das Leben so viel reicher macht.

Violett: die Farbe des Geistes im Regenbogen.

Das Leben selber segne Euch mit Küssen des Segens,
mit Lebensküssen auf Eurer Haut und in Eurem Geist.

Das Leben selber segne Euch mit Begegnungen des
Geistes,
    die Euren Geist befruchten und größer machen,
    die Euch faszinieren und inspirieren.
Das Leben selber fülle Euren Geist mit Leben.
    Dass Ihr Schönes und Großes denken und
    träumen könnt.
    Dass Kreativität in allen Farben des Regenbogens
    und des Glitzer-glitters aus Euch herausleuchtet.
Das Leben selber umgebe Euch mit schöpferischem
Geist.
    Dass jeden Morgen die Sonne der Zukunft
    aufgeht nach der Nacht der Vergangenheit.
    Dass Ihr umgeben seid mit Liebe, die Ihr immer
    wieder neu erfahren und spüren und fühlen
    dürft.
Das Leben selbst fülle Euch mit dem Geist des
Widerstands
    Dass keine graue Langeweile der tagtäglichen
    Tage Eure Freude erstickt.
    Dass Ihr mit der Kraft der Schöpfung gegen alles
    aufstehen könnt,
    das Euer Leben grau und eintönig macht, das
    Euch Euer Leben nimmt.
Das Leben selber segne Euch mit Küssen des Segens,
mit Lebensküssen auf Eurer Haut und in Eurem Geist.
Amen

Dreizehnter Segen:
LSBTTIQ+: H wie Hetero

Heute schieben wir einen Buchstaben in das LSBTTIQ+ ein, der nicht da steht, aber doch immer dabei ist. Es ist ein „H" für hetero. Ein „H" für all die Menschen, die in unserer Community dabei sind, und sich selbst als Hetera oder Hetero bezeichnen: Unsere Mitkämpferinnen und Mitkämpfer, die sich auf unsere Seite stellen, und für uns ein Segen sind, weil sie uns Kraft geben. Für die Freundinnen und Freunde, die mit uns kämpfen und mit uns feiern, weil sie eben unsere Freundinnen und Freunde sind. Für die Eltern und Geschwister, für die Großeltern und Nichten und Neffen, für Onkel und Tanten, die im Familienkreis bei uns sind. Für die Kolleginnen und Kollegen auf der Arbeit, und viele mehr. Auch sie haben Ihren Platz hier, an unserer Seite, auch sie sollen gesegnet sein, an diesem Tag des CSD.

LSBTTIQ+: H wie Hetero

Möget Ihr vielfach gesegnet sein:

Ihr segnet uns mit Solidarität:
Möge diese Solidarität auch Euch ein Segen sein,
der die Gesellschaft stärker macht, gerechter und
gleichberechtigter.
Möget auch Ihr in einer Stadt leben, in der die
Menschen füreinander da sind, einander stärken
und schützen.

Ihr segnet uns mit Freundschaft, die zuhört, die die
Türe aufmacht, mitten in der Nacht, die begleitet mit
Rat und Tat.
Möget auch Ihr gesegnet sein, mit Menschen, die
Euch zuhören.
Mit einer offenen Türe, wann immer Ihr sie
braucht.
Mit Rat und Tat jeden Tag.

Ihr segnet uns, indem Ihr dabei seid: Bei unseren
Kämpfen und bei unseren Festen.
Ihr seid dabei, wenn wir Kraft brauchen, etwa, wenn
wir Liebeskummer haben und Ihr seid dabei, wenn
wir eine Familie werden.
Möget auch Ihr gesegnet sein: mit erfolgreichem
Kämpfen und schönen Festen.
Möget auch Ihr gesegnet sein: mit Kraft und
Hoffnung und Liebe.

Möget auch Ihr gesegnet sein: mit Familie, die so
viel größer ist, als die Gruppe, in die wir
hineingeboren werden!

Ihr segnet uns, indem Ihr uns begleitet wenn wir uns
selbst entdecken im Coming out,
und Ihr freut Euch mit uns über unsere erste Liebe.
Möget auch Ihr gesegnet sein, mit neuen
Entdeckungen über Euch selber.
Und seid gesegnet mit Eurer Art der Liebe, mit
den Menschen, die Ihr liebt.

Euer Segen für uns sei auch der Segen für Euch!
so sei der Segen Gottes auf Euch, ein Teil des bunten
Regenbogens zu sein und Teil der Buchstabensuppe
von LSBTTIQ+ und H.
Amen

Vierzehnter Segen
LSBTTIQ+: Q wie Queer

Dieser letzte Segen ist ein Segen für die Vielfalt. Für die Queeren, für das Queer sein an sich. Für all diejenigen, die anders sind, die anders sein wollen, die ihr Leben queer leben. Für all diejenigen, denen die Vielfalt von LSBTT und I noch zu eng ist. Für all diejenigen, die die Farben vor und nach dem Regenbogen sehen, und die Farben dazwischen. Für all diejenigen, die diese Farben sind. Es ist ein Segen, für all diejenigen, die sich nicht einengen lassen wollen von Bildern, Konzepten, Festlegungen. Die sich nicht heute entscheiden wollen, um dann immer so zu sein. Die im Augenblick leben, und selbst Vielfalt sind.

Es ist ein Segen für all diejenigen, die bunter sind als Sexualitäten und vielfältiger als Gender. Die die bunten Vögel unserer Welt sind, die Friedenslebenden, die Spracheschaffenden, die Bürgerschrecke, die Andersliebenden. Diejenigen, für die unsere Worte ein Korsett sind, und die Freiheitssuchende sind.

Es ist ein Segen für all diejenigen, die auch in unserer Vielfalt von LSBTT und I und den Farben des Regenbogens noch anecken, weil wir, die wir weniger bunt sind, sie nicht verstehen. So ist dieser Segen auch ein Kraftsegen, ein Widerstandssegen, ein Segen der Vielfalt und der Farben!

LSBTTIQ+: Q wie Queer

Ihr seid gesegnet, Ihr queren Queeren!

Ihr seid gesegnet, Ihr queer Denkenden!
Und Ihr seid ein Segen, der uns die Dinge neu
sehen lässt, neues Denken ermöglicht, die Welt
immer wieder herausfordert.

Ihr seid gesegnet, Ihr Queer Liebenden
Und Ihr seid ein Segen für die Welt: mit Liebe,
größer als Erwartungen, weiter als Zweisamkeit,
bunter als es das Standesamt erlaubt.

Ihr seid gesegnet, Ihr queer Lebenden!
Und Ihr seid ein Segen für die Gesellschaft: Ihr
zeigt neue Wege, verbindet das Bunte mit dem
Alltäglichen, Ihr zeigt uns, dass Leben größer ist.

Ihr seid gesegnet, Ihr queer Redenden!
Und Ihr seid ein Segen, für unsere Sprache: Ihr
helft, die alte Sprache aufzubrechen, die
Menschen einengt. Ihr findet neue Worte, neue
Pronomen, neue Wege, zu sagen:
Du bist Du und ich liebe Dich!

Ihr seid gesegnet, Ihr queer Aussehenden!
Und Ihr seid ein Segen für unsere Augen: Lange
Haare, kurze Haare, in allen Farben und Formen,

Hosen und Röcke und Kleidung, die keinen
Namen hat, Freiheit, so zu sein, wie ein Mensch
ist, vielfältig und bunt.

Ihr seid gesegnet, Ihr queer Stehenden!
Und Ihr seid ein Segen für unsere Welt.
Indem Ihr
dasteht,
einsteht,
aufsteht,
hinsteht
für das Bunte, das Vielfältige, das Queere.

Ihr seid gesegnet, Ihr queeren Queren dieser Welt.
Amen

Ein Gebet, in Bildern der Hebräischen Schriften

Gepriesen seist du Gott, der Du größer bist als alle unserer Bilder:
>   zu Dir komme ich immer wieder

Du schöpferischer Atemhauch, (1. Mose 1, 2)
>   Zu Dir komme ich, um neu erschaffen zu werden

Du Fels (Psalm 18, 3)
>   Zu Dir komme ich, meine Sicherheit im Sturm des Lebens

Du Beschützerin, die Ihre Küken unter Ihren Flügeln sammelt (Psalm 61, , 85; Psalm 17, 8)
>   Zu Dir komme ich, weil ich Wärme und Schutz und Liebe brauche

Du wegweisende Flamme durch die Dunkelheit (2. Mose 13, 21f)
>   Zu Dir komme ich, wenn es dunkel wird um mich und ich Richtung im Leben brauche

Du tröstende Mutter (Jes. 66, 13)
>   Zu Dir komme ich, wenn die Bilder vom Vater mich erschrecken, wenn ich dich in männlichen Formen nicht finden kann

Du Quelle der Nahrung (2. Mose 16)
>   Zu Dir komme ich und bringe die Hungrigen der Welt mit

Du immer wieder rufende Stimme (1. Samuel 3)

    Zu Dir komme ich, mit Dankbarkeit, dass Du immer wieder rufst, auch wenn ich den Ruf manchmal nicht höre.

Du, mein Arzt (2. Mose 15, 26)

    Zu Dir komme ich, mit der Bitte um Heilung an Körper, Geist und Seele, an allem, das ich bin

Du, der die Menschen tanzen lässt
(2. Mose 15, 21, 2. Samuel, 14 – 22)

    Zu Dir komme ich mit all meiner Freude, dem Jubel, dem Schönen, das mir geschieht, mit dem Licht und dem Regenbogen, mit all meinem Gesang und tanze vor Dir

Gepriesen seist du Gott, der Du größer bist als alle unsere Bilder:

    zu Dir komme ich immer wieder
    Amen

Eine Parade der Vielfalt[3]

Liebe Gemeinde

Stellt euch die Situation vor: Schon seit gestern lief es wie ein Lauffeuer durch die Stadt, sie hatten es sich gegenseitig erzählt, es gab kein anderes Gesprächsthema mehr. Er, Jesus, sollte durch Jericho kommen, durch Ihr Jericho, durch Ihre Stadt würde der berühmte Rabbi und Wundertäter ziehen. Sie würden ihn selber sehen, den Mann, von dem man so viel hörte, den Wundertäter, den Prediger, den Mann, der ständig Arger mit den Behörden hatte, der angeblich sogar auf dem Wasser gehen konnte und dem Sturm Einhalt gebot. Und alle, alle wollten sie dabei sein. Entweder mit Jesus und hinter Jesus herziehen, wenn er durch die engen Gassen Jerichos zog, oder aber doch mindestens am Straßenrand stehen und ihn und den ganzen Zug vorbeigehen sehen. Doch da war einer, der überhaupt nicht dazupasste, der Zöllner, der Kollaborateur, der Ausnutzer, dazuhin noch kleinwüchsig, und dazuhin noch reich.

Mit dem Zug mitzuziehen, das traute er sich nicht. Wie hätte er, von Gott mit Kleinwüchsigkeit gestraft und von allen nur Sünder und Ausgestoßener genannt, es wagen können, hinter Jesus herzulaufen? Nie im Leben hätte er das gewagt. Und am Straßenrand zu stehen, nun das ergab auch keinen Sinn. Er hätte sich den verachtenden bis bösen

---

[3] Diese Predigt wurde zum CSD 2010 in Stuttgart gehalten

Blicken seiner Mitmenschen aussetzen müssen, auch nicht unbedingt klasse. Und außerdem hätte er eh nichts gesehen, bei seiner Größe. Aber die Neugier, das Bedürfnis, Jesus zu sehen, das war dann doch stärker und er machte sich auf den Weg. Er wusste, es gab da diesen alten Baum, und wenn er es auf diesen Baum schaffte, dann konnte er sehen, wie Jesus, die Jüngerinnen und Jünger und alle anderen an ihm vorbeizogen. Und so saß er dann auf seinem Baum und beobachtete mit großer Verwunderung, was da passierte. Da waren Menschen, die ganz offensichtlich Ihr Leben anders lebten als die Mächtigen in Jerusalem das gerne wollten. Aber anstatt sich zu verstecken, waren sie da auf der Straße, freuten sich, sangen, tanzten. Sie kümmerten sich nicht darum, was die Menschen sagten, sie kümmerten sich nicht um die missbilligenden Blicke, die es auch gab in der Menge. Wie gerne wäre er bei ihnen gewesen, hätte auch diese Freiheit und Freude gehabt, die er da sah. Aber er saß auf seinem Baum und konnte nicht herunter. Bis auf einmal Er vorbeikam, Jesus selbst, und mitten im Zug anhielt, zum Baum hinaufschaute, als ob er gewusst hätte, dass er da oben saß, versteckt zwischen den Blättern des Maulbeerbaumes. Und dann hörte er Jesus sagen: Zachäus, steig schnell herunter, denn ich muss heute Abend in dein Haus einkehren. An diesem Tag veränderte sich das Leben des Zöllners Zachäus.

Liebe Gemeinde,

einige von uns werden nächsten Samstag wieder zur CSD Parade gehen. Manche werden mitfahren oder mitlaufen, andere werden zuschauen. Wir planen schon heftig, haben Einladungskarten drucken lassen für unseren Gottesdienst zwischen Parade und Party, haben Banner herstellen lassen, die unsere Botschaft vermitteln. Wir wollen bunt und vielfältig mitlaufen, dieses Jahr, von der Regenbogen-Stola bis zu den quietsche-bunten Farben, die Haare und Kleidung annehmen können. Wir bereiten uns vor, so wie die Einwohner von Jericho sich vorbereitet haben und wir überlegen uns, wie Zachäus im Baum, wo unsere Plätze sein können, bei diesem Fest des CSDs.

Ich will noch einmal eine Geschichte erzählen, vielleicht für diejenigen, die noch nie bei einer Parade dabei waren, vielleicht für diejenigen, die nicht wissen, ob sie sich trauen dürfen, wollen zu können, vielleicht für diejenigen, die sich schon freuen, auf diesen einen, bunten, besonderen, anderen Samstag im Jahr.

.

Seit Wochen war es klar gewesen: Es würde wieder eine CSD Parade geben, Schwule, Lesben, und viele andere würden durch die Stadt ziehen, in einer bunten, charmanten Parade. Und sie würden sie sehen, diese Menschen, die da für so großen Wirbel im Bundestag und vor dem Bundesverfassungsgericht gesorgt hatten. Die angeblich so ein ausschweifendes Sex-Leben hatten und wo wahrscheinlich wieder ein paar „Nackige" dabei sein würden. Halb Stuttgart war auf den Füßen, um den Umzug zu sehen.

Und am Straßenrand da standen sie, versteckt in der Menge, diejenigen, die sich wunderten, was da geschah. Nie im Leben hätten sie es gewagt, da mitzulaufen, da mitzufeiern. Da war die lesbische Bankangestellte, die zwar mit Ihrer Freundin zusammenlebte, aber immer noch Angst hatte, dass Ihre Kolleg*innen etwas erfahren. Weiter unten stand der schwule Landwirt von der Schwäbischen Alb, der auf seine Eltern und seine Stellung im Dorf Rücksicht nehmen wollte. Da war der Rollstuhlfahrer, der gerne mitfeiern und mitleben wollte, sich aber für einen Krüppel hielt; da war die Hetera, die einfach die Stimmung gut fand, die es genoss, einmal nicht blöde von den Männern angemacht zu werden; da war die Großmutter des schwulen Enkels. Die Eltern versuchten zwar verzweifelt, dieses „kleine, schmutzige Geheimnis" vor ihr zu verbergen, aber sie war zwar 79 aber doch nicht blöde. Sie wusste schon lange, dass Ihr kleiner Lieblingsenkel einer von denen war. Und wie sehr wünschte sie ihm eine schöne, glückliche Zukunft. Sie alle standen da und beobachteten wie die CSD Parade an ihnen vorbeizog.

Hier hört die Geschichte nun auf und der Traum fängt an. Was würde geschehen, wenn Jesus in der Parade mitlaufen würde? Was würde geschehen, wenn wir Jesus auch auf der Parade folgen würden, ihm folgen könnten?

Hier ist mein Traum, von der Parade zum CSD, hier in unserer Stadt und auf der ganzen Welt:

Da ist die lesbische Bankangestellte, die hört, wie jemand ruft: Du und Deine Frau, kommt und feiert mit. Deine Kolleg*innen sehen in Dir die kompetente Fachfrau, denen ist es egal, ob du mit einem Mann oder einer Frau zusammenlebst. Da ist der schwule Landwirt, der hört wie jemand ruft: Komm und feiere mit, Deine Eltern lieben dich so, wie Du bist, und Du bist im Dorf angesehen, hier darfst du feiern. Da ist der Rollstuhlfahrer, der plötzlich die schwule Gehörlosengruppe vorbeigehen sieht, und ohne Worte versteht er, dass auch er mitziehen kann in der Parade. Und da ist die 79jährige Oma, die sich plötzlich mitten in einem Wirbelsturm halbbekleideter Jugendlicher wiederfindet, ihr Enkel in rosa Badehose und pinkfarbener Boa bekleidet vorneweg, der sie umarmte und sie begeistert seinen Freunden und seinem Freund als die „coolste" Oma der Welt vorstellt und sie den Rest der Parade mitgeht, als Oma des gesamten schwulen Sportvereins.

Ich weiß, dass dieser Teil der Geschichte nur ein Traum, eine Wunschvorstellung ist. Aber ich weiß auch, dass es keinen Grund gibt, dass das so bleiben müsste. Jesus macht uns wieder und wieder vor, auch und gerade bei seiner Parade durch Jericho, dass es keinen Grund gibt, warum ein Mensch am Rand steht. Jesus konnte durch die Blätter des Maulbeerbaumes genauso sehen, wie durch die

Vorurteile und Ängste der Menschen. Er ging auf die Menschen zu, weil er wusste, dass Gott sie liebt, jede und jeden einzelnen, ganz egal was andere Menschen dachten oder was die Menschen von sich selbst hielten. Keiner hätte gedacht, dass Zachäus, der Zöllner hätte mitfeiern dürfen, hätte mitfeiern können, damals in Jericho, am allerwenigsten Zachäus selbst. Und diesen Menschen lädt Jesus nicht nur ein, sondern er macht ihn sogar zum Gastgeber an diesem Abend.

Jesus hatte seine Parade in Jericho, wir haben unsere Parade am nächsten Samstag in Stuttgart und haben sie am Samstagabend auf den Partys in Stuttgart, und am Sonntag auf der Hocketse, und nächste Woche in unserem Leben. Jesus holte Zachäus vom Baum. Es liegt an uns, andere Menschen ins Fest hineinzuholen, ins CSD Fest und ins Fest des Lebens. Die Menschen am Straßenrand genauso wie den Menschen, der jetzt gerade neben euch sitzt. Das ist, so glaube ich, was heute, am Wochenende vor dem CSD in Stuttgart Nachfolge Jesu ist: die Menschen zum Fest des Lebens befähigen.

Amen

Über den Autor

Pfarrer Dr. Axel Schwaigert, Jahrgang 1968, ist der Gründungspfarrer von Salz der Erde MCC Gemeinde Stuttgart. Nach dem Studium in Tübingen (evangelische Theologie) und Philadelphia/USA (interreligiöser Dialog) absolvierte er sein Vikariat in Bournemouth/England bei der dortigen MCC Gemeinde.

Nach seiner Ordination im Jahr 2000 begann er mit dem Gemeindeaufbau in Stuttgart. Seinen "Doctor in ministry" machte er an Episcopal Divinity School in Cambridge/MA/USA. Er ist seit 2006 Mitglied im Theologies Team der MCC und ist Co-Autor des Glaubensbekenntnisses der MCC.

In seinem weltlichen Beruf arbeitet er als Bestatter in Stuttgart. Seine Leidenschaft gilt dem Theater: Er singt, spielt und tanzt regelmäßig auf der Bühne des Kelley Theaters in Stuttgart, dem Theater der US Armee in Stuttgart.

Email: axel@ufmcc.de
Webseite: www.ufmcc.de

.